1. Auflage 2024
© 2024 Sabine Hattenkerl

Texte: Sabine Hattenkerl, sabinehattenkerl.com
Umschlaggestaltung und Illustration: Sabine Hattenkerl, eiermannundhattenkerl.de
Layout: Paula Hattenkerl
Lektorat: Diana Schirrmeister
Verlag: touch concept®

ISBN 978-3-384-18472-6

Druck und Distribution im Auftrag der Autorin:
tredition GmbH, Heinz-Beusen-Stieg 5, 22926 Ahrensburg, Deutschland

Die Publikation und Verbreitung erfolgen im Auftrag der Autorin, zu erreichen unter:
Sabine Hattenkerl, Schlößchenweg 3, 04155 Leipzig, Germany.

Sabine Hattenkerl

Testen lernen

Rücksprache mit dem Unterbewusstsein

Vorwort

Häufig befinden wir uns in Situationen, in denen wir wählen müssen: An der Kuchentheke oder im Restaurant, beim Einkauf von Lebensmitteln und Bekleidungsstücken, dem Aussuchen eines Geschenkes oder wenn wir bei Unwohlsein ein Hausmittel suchen, das schnell Abhilfe schafft. Das wären nur die alltäglichen Dinge, aber es stehen noch größere Entscheidungen an: die Berufswahl, ein Jobwechsel, Beziehungsfragen oder die Wahl von zukünftigen Wohnorten oder Lebenssituationen, um nur wenige zu nennen.

Das Angebot der Möglichkeiten ist meist sehr groß, man müsste sich informieren, Meinungen einholen, im Internet recherchieren, das eine gegen das andere abwägen, Rezensionen lesen, QR-Codes in Apps einlesen etc., alles meist sehr zeitintensive Unternehmungen die uns oft überfordern. Doch wir kennen auch spontane Bauchentscheidungen, mit denen wir bei großer Auswahl schon genau das für uns Richtige herausgefunden und uns über diese Wahl gefreut haben.

Es gibt dafür eine einfache Erklärung. Aus der Physik wissen wir, dass alles schwingt. Alles hat eine Frequenz, vermeintlich statische Objekte wie ein Stuhl oder ein Haus, aber auch zweidimensionale Dinge wie Buchstaben, Zeichen, Fotos oder Unsichtbares wie Gedanken. Alles ist Energie, auch wenn das manchmal schlecht vorstellbar ist. So gibt es unterschiedliche Schwingungen, solche, die zusammenpassen (man benutzt ja auch das Sprichwort „auf einer Wellenlänge sein", wenn wir uns mit anderen gut verstehen) und solche, die sich abstoßen. Ein Magnet verdeutlicht bildlich etwa die Vorgehensweise. Auch hier sehen wir die Energie nicht, akzeptieren aber das Resultat.
Die Intuition erkennt diese Muster. Wir wissen oft sofort, mit wem der Gäste auf einer Feier wir gerne näher in Kontakt treten möchten und wen wir lieber meiden. Es ist allseits bekannt, dass es Menschen, Dinge und Situationen gibt, die zu uns passen und andere nicht. Aber nicht jeder hat permanent die Gabe abrufbar, von jetzt auf gleich in Alltagssituationen eine Verbindung zu seiner Intuition herzustellen und sich immer sicher zu sein, das Richtige für den jeweiligen Moment zu entscheiden.

Dafür gibt es sehr zahlreiche Testmethoden, die schnell und unkompliziert zu erlernen sind und uns das Leben sehr viel einfacher machen können.

Radiästhesisten und die Kinesiologen arbeiten damit. Aber auch immer mehr Heilpraktiker und manche Schulmediziner wenden dieses Wissen in ihrer Praxis an. Nach dem Anwenden der Tipps in diesem Buch und kontinuierlichem Üben wirst du ganz bestimmt eine Lieblingsmethode gefunden haben, die du dann in jeder Situation zu Rate ziehen kannst.

Durch die Beschäftigung dieser -für viele immer noch neuen- Erlebnisräume eröffnen sich andere Dimensionen in der Wahrnehmung der eigenen Körperreaktionen bei bestimmten Fragen oder Themen. Mit etwas Übung lernst du sehr gut damit umzugehen und schärfst auch deine Intuition, sodass sich die schnelle Bauchentscheidung wieder besser ohne jegliche Hilfsmittel einstellen wird. Dies ist ein sehr wichtiger und wohltuender Schritt zu mehr Selbstbestimmung, ganz unabhängig von den Meinungen anderer.

Bei dieser Entdeckung wünsche ich dir von Herzen viel Freude!

Sabine Hattenkerl

Inhaltsverzeichnis

Fragen fragen Was kann man überhaupt abfragen?

Die auf den nächsten Seiten vorgestellten Testmethoden eignen sich für das Stellen von Fragen, die mit JA oder NEIN beantwortet werden können.

Bei jeder Technik gilt es zunächst einmal die jeweilige Körper- oder Sinnesreaktion dem JA und dem NEIN zuzuordnen, damit wir unsere ganz persönliche Körpersprache kennenlernen.
Blättere dazu gerne schon etwas vor und übe nach der Vorbereitung auf S. 11 den Schaukeltest auf Seite 12, eine für die meisten Menschen schnell nachvollziehbare Variante des Testens.

Die Küche eignet sich hervorragend als Experimentierfeld und du kannst nun sämtliche Lebensmittel oder Nahrungsergänzungsmittel auf Verträglichkeit oder andere Aspekte hin abfragen. Wichtig ist hier, wie bei allen folgenden Fragen auch, immer den Fokus auf das Objekt (und nicht auf die Verpackung) zu richten. Eine Berührung ist sinnvoll. Wir nehmen die Dinge dazu, wenn es die Testmethode erlaubt, in die linke -aufnehmende- Hand (bei Linkshändern umgekehrt oder nach Intuition). Wenn das Objekt nicht vor Ort ist, geht auch ein Foto oder ein Zettel mit dem Namen desselben oder einfach eine starke Vorstellungskraft.

Es ist wichtig, immer nur eine ganz klar formulierte Frage zu stellen (keine Oder-Fragen) und erst nach erhaltener Antwort die nächste Frage anzugehen.

Beispiele:

„Ist dieses Weißmehl gut verträglich für mich?"
(Bei NEIN: „Vertrage ich eine andere Mehlart besser? Vollkorn? Dinkel?....Soll ich es ganz weglassen? Reduzieren?...")
„Ist dieses Nahrungsergänzungsmittel gut für mich?"
(Bei NEIN: „Brauche ich es grundsätzlich? Brauche ich es später? In einer anderen Qualität? Von einer anderen Firma? Nehme ich zu viel/zu wenig?....")
„Ist das Essen von gestern heute noch genießbar?"
„Steht mein Bett an der richtigen Stelle?"
(Bei NEIN: „Ist es besser, wenn ich es umstelle? Gibt es Störfelder? Brauche ich bei der Beseitigung dieser Ursachen Hilfe? Von wem: Baubiologe? Elektriker? Fachbuch? Energetik?"...)

„Geht es der Pflanze gut?"
(Bei NEIN: „Liegt es am Platz? Braucht sie neue Erde? Dünger? Mehr Licht? Braucht sie andere Nachbarn?"...)
„Ist das Wohnzimmer so eingerichtet, dass sich alle eintretenden Menschen dort wohl fühlen?"
(Bei NEIN: „Liegt es an der Wandfarbe? Steht das Sofa am richtigen Ort? Gibt es ein Objekt das stört? Gibt es Elektrosmog?"...)

Wie die Beispiele zeigen, gehen wir von einfachen Fragen immer weiter ins Detail und können sehr wichtige Aspekte für unser Wohlbefinden herausfinden.

Übe -besonders am Anfang- mit den naheliegenden Dingen deiner direkten Umgebung. Mache dich mit den Testreaktionen vertraut und werde sicher, bevor du dich an Fragen über wichtigen Lebensentscheidungen wagst.

Die Königsdisziplin ist der Abschied von alten Entscheidungsmustern und vorgefassten Meinungen. Eine bewusste Vorbereitung, wie auf der nächsten Seite beschrieben, ist deshalb wichtig. Durch wiederholtes Üben kannst du diesen Zustand bald in wenigen Sekunden erreichen. Wenn es dir schwer fällt, deine Überzeugungen los zu lassen, konzentriere dich bei deinen Testungen vor allem auf Dinge, für deren Testergebnisse du völlig offen bist und lasse dich dann von den Erfahrungen, die du damit machen wirst, überraschen, um nach und nach vertrauensvoll neue Bereiche zu erobern.
Die Testmethoden eignen sich hervorragend zur Schulung der Intuition, allerdings nicht für Fragen zum Thema Glücksspiel oder Aktienkurs. Allgemein sollten wir mit unserer Ausrichtung im Jetzt bleiben und nicht in die Zukunft gehen.

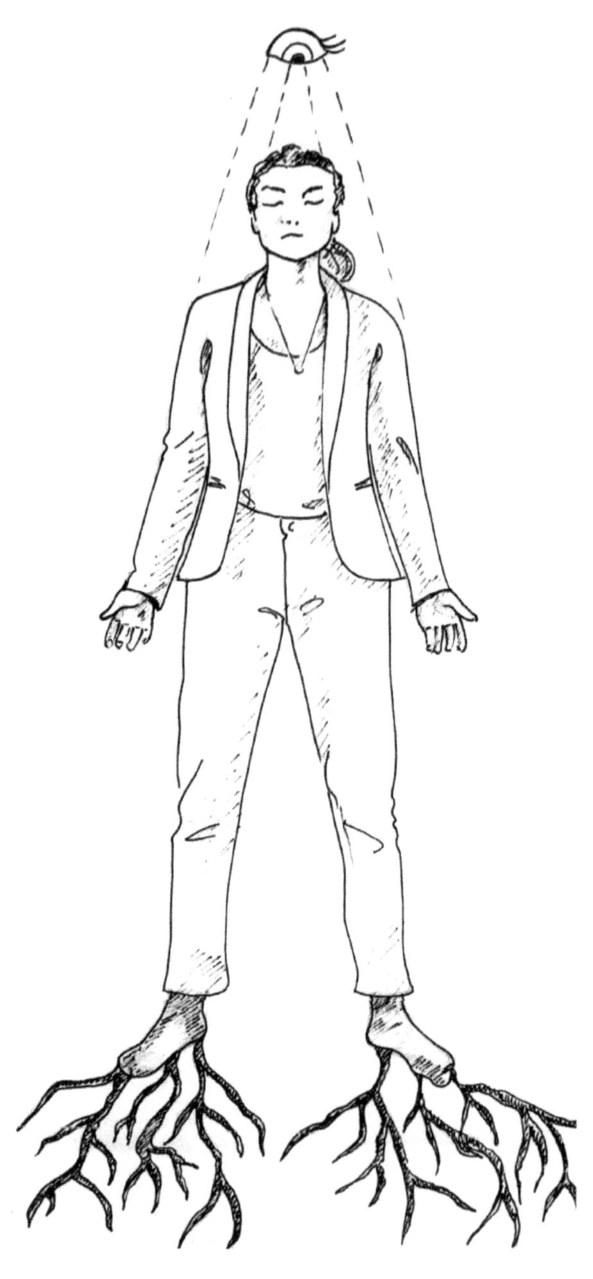

Vorbereitung

Trinke gerne noch ein Glas Wasser und suche dir dann für die erste Übung einen Ort, an dem du dich wohl fühlst (möglichst entfernt von elektromagnetischen Feldern, WLAN, Leitungen etc.). Vielleicht hast du einen Lieblingsplatz im Garten, in der Natur oder deiner Wohnung. Für eine bessere Erdung ziehe gern deine Schuhe, wenn möglich auch die Socken, aus.

Stelle dich nun entspannt hin. Achte darauf, dass Arme, Beine und Hände frei sind, nicht verschränkt, da die Körperenergie frei fließen soll und nirgends gestaut werden darf. Die Knie dürfen locker und das Becken stabil sein. Auch alles, was dich aus dem Gleichgewicht bringen könnte, z.B. eine Schultertasche, soll vorher abgelegt werden. Schultern nun etwas zurückspannen, den Nacken strecken, so dass der Scheitelpunkt nach oben strebt.
Wer religiös ist oder eine Verbindung zur geistigen Welt hat, mag gerne Engel, Krafttiere oder Geistwesen zur Unterstützung einladen.

Lasse die Alltagsgedanken los und spreche oder denke:
„Mein Geist ist frei von vorgefassten Meinungen."

Stelle dir nun vor, aus deinen Füßen wachsen Wurzeln in den Boden. Sobald du hier fest, entspannt und sicher stehst, versuche mit deinem Bewusstsein nach oben zu wandern. Nehme wahr, wie du von oben auf dich hinabsiehst. Atme ruhig und bewusst und konzentriere dich auf das, was du abfragen möchtest.
Aus dieser Geisteshaltung kannst du nun die verschiedenen Testmethoden erkunden.

Sobald du erste Methoden beherrschst, frage bitte vor jeder Testung auch ab, ob du an dem Ort testen kannst und dich in der momentanen Lage dazu befindest (siehe auch Seite 33).

Für Geübte: Später wirst du diese Ausgangsposition schnell und unkompliziert und an jedem beliebigen Ort einnehmen können. An belebten Orten, wo du nicht auffallen möchtest, reicht es dann aus „geistig" in diese Haltung zu gehen. Wenn es um Produkte geht, wird es später möglich sein, alleine den Fokus auf sie zu richten, ohne sie selbst in der Hand zu halten.

Zetteltest

Führe zunächst die Vorbereitung, wie auf S. 11 beschrieben, durch.

Bereite dann Zettel vor, am besten eignen sich A4 Blätter, die du so beschriftest, dass du die Schrift auf der Rückseite nicht sehen oder lesen kannst.
Mische nun die Blätter und vergesse die Reihenfolge.
Lege sie umgekehrt auf den Boden und nehme deine Testhaltung ein mit der Ausnahme, dass du dich hier gedanklich nicht in den Boden verwurzelst. Stelle dich nun auf den ersten Zettel. Spüre: Wie stehst du? Wie fühlst du dich? Nimmst du ein Kribbeln wahr? Hast du das Gefühl, du musst weglaufen? Werden deine Füße kalt ? Oder fühlt es sich warm und wohlig an? Merke dir deine Reaktion und stelle dich dann nach und nach auf die anderen Zettel. Welcher hat sich am besten angefühlt? Wo hast du dich wohl gefühlt?
Nun kannst du die Blätter umdrehen und dir deine Reaktionen dazu notieren. Dieser Test eignet sich gut für Entscheidungsfragen. Du kannst hier direkt mit deinen Testfragen beginnen, da es um Gefühle geht, die dich zur richtigen Entscheidung führen und hier keine Eichung für JA oder NEIN festgelegt werden muss. Du kannst auch hier Verträglichkeiten testen, oder Entscheidungen bezüglich Berufswahl, Studien- oder Reiseorten und Partnern.

Variante:
Interessant ist es auch, sich auf unterschiedliche Farben (z.B. farbiges Papier, farbige Tücher oder Stoffe) zu stellen und diese zu erspüren. Die Hauptfarben sind einzelnen Elementen (Erde, Luft, Wasser, Feuer) zugeordnet und je nach deiner Reaktion kannst du daraus mit der Lektüre zu den Elementen Rückschlüsse ziehen.

Schaukeltest

Bereite dich auf diesen Test wieder, wie auf S. 11 beschrieben, vor.

Wir beginnen mit dem Abfragen der Körperreaktion auf die Worte JA und NEIN.

Denke nun an ein „JA", du kannst dabei auch an Dinge denken, die du ganz sicher magst.

Konzentriere dich nur darauf und bleibe ganz entspannt. Nehme aufmerksam wahr, was sich in deinem Körper regt. Spürst du eine leichte Kippbewegung nach vorne oder hinten? Versuche es weiter und merke dir die Kipprichtung bei JA.

Denke nun an ein „NEIN" oder an etwas, das du gar nicht magst und beobachte wieder achtsam die Reaktion in deinem Körper. Diese sollte bestenfalls entgegengesetzt zur ersten Reaktion sein.

Die meisten Menschen kippen bei JA nach vorne und bei NEIN nach hinten. Es kann aber auch genau umgekehrt sein.

Jetzt weißt du, wie dein Körper auf JA und NEIN reagiert und du kannst schon mit einfachen persönlichen Fragen beginnen.

Zum Beispiel kannst du einen Apfel in die Hand nehmen und fragen:
„Ist der Apfel jetzt gut für mich?" Nun warte auf deine Reaktion.

Bei den Testfragen kannst du fantasievoll vorgehen siehe dazu „Weitere Anregungen zu Einsatzmöglichkeiten der Tests" ab Seite 36.

Dieser Test eignet sich hervorragend um schnell und unkompliziert Dinge abzufragen und Antworten zu bekommen. Wenn du geübt bist, kannst du den Test an jedem x-beliebigen Ort machen, z.B. in einem Lebensmittelgeschäft oder einer Drogerie, um die Verträglichkeit der Produkte für dich abzufragen.

Nehme die Produkte dabei in die linke Hand (bei Linkshändern umgekehrt), setze den Fokus auf den Inhalt (nicht die Verpackung) und achte auf eine genaue Fragestellung (siehe „Fragen fragen" Seite 8).

Deine positive Körperreaktion mag ein guter Ratgeber bei deiner späteren Wahl sein.

Varianten:

Wenn du vermutest, du könntest das Testen bewusst beeinflussen, dann schreibe dein Thema auf zwei oder mehrere ca. A4 große Blätter Papier.

Kannst du dich nicht zwischen 2 Reisezielen entscheiden so schreibe auf den einen Zettel z.B. „Berg" und auf den anderen „Meer". Drehe die Zettel mit der Schrift nach unten, so dass du sie nicht lesen kannst. Stelle dich nun zuerst auf den ersten Zettel und fokussiere dich auf dein Thema „Wo soll meine Reise hingehen?" Wippst du nach vorne oder nach hinten?

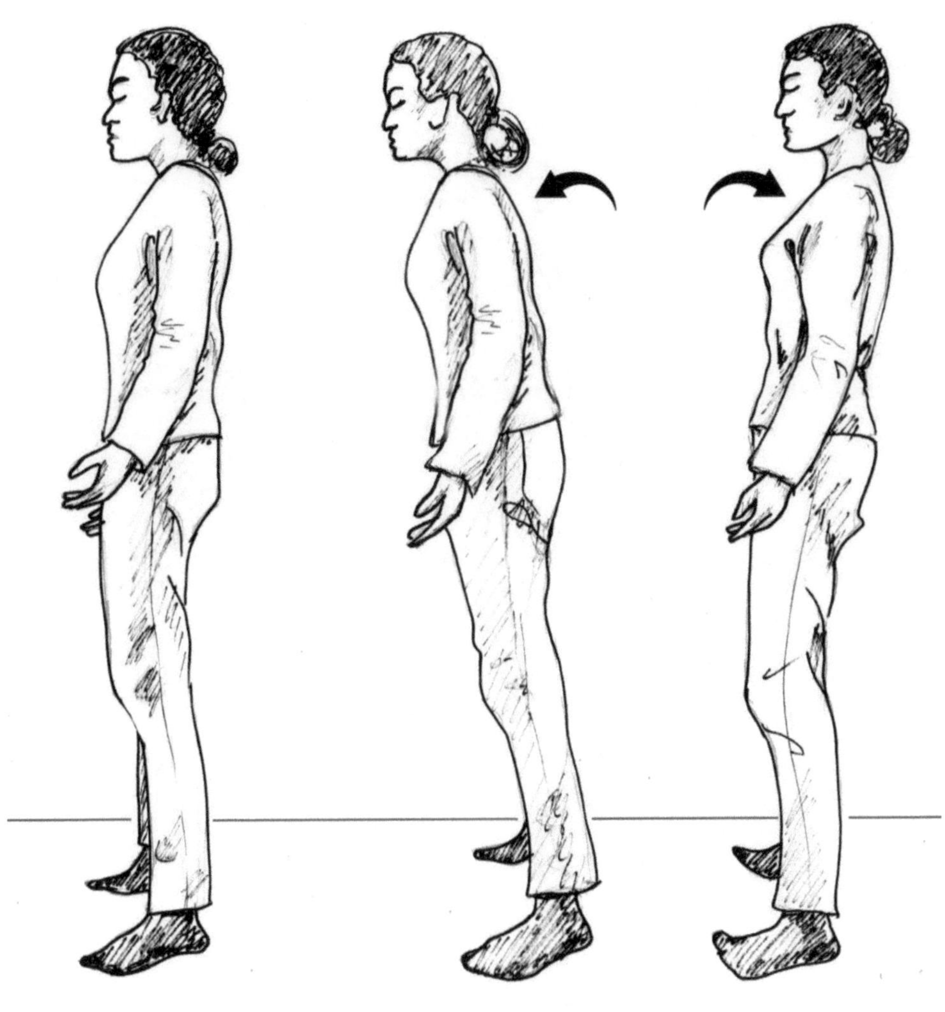

Wiederhole diesen Vorgang mit dem oder den anderen Zetteln.
Oder du stellst eine Frage, z.B. „Ist es gut für mich, das Angebot anzunehmen?" Dann schreibe auf das eine Blatt „JA" und auf das andere „NEIN". Mische die Zettel, drehe sie mit der Schift nach unten, so dass du nicht lesen kannst was darauf steht.
Stelle dich darauf und spüre deine Körperreaktion. Liegt deine Eichung bei JA = vorne und du kippst auf dem „NEIN"-Zettel nach vorne, so lautet die Antwort NEIN.

Armlängentest

Beziehe dich bitte auf die Vorbereitung auf S. 11, mit der Ausnahme, dass du hier sitzen kannst. Achte darauf, dass deine Beine nicht gekreuzt oder überschlagen sind.

Fokussiere dich nun auf deine Frage oder teste vorab die Reaktionen auf JA und NEIN.

Deine Arme hängen ganz locker, mit losen Fäusten, Daumen außen, herab. Stelle dir nun deine Frage und führe zügig, ohne hinzuschauen, deine Arme vorne zusammen, um die Daumen auf eine Höhe, siehe Abbildung, zu bringen.
Ist es dir gelungen, dann ist dies ein JA. Lassen sich die Daumen nicht auf eine Höhe setzen, sondern sind versetzt, so bedeutet das NEIN.

Auch dieser Test eignet sich sehr gut für das Testen unterwegs. Er macht nicht viel Aufheben und ist überall durchführbar. Dazu braucht es hier etwas Übung, bis du dich gut spürst. Übe diese Version wann immer du daran denkst und du wirst sehr bald Routine und vor allem klare Ergebnisse haben.

Alternative: Dieser Test funktioniert auch, wenn du die Arme gestreckt mit lockeren Händen nach vorne wirfst, immer mit dem Fokus auf deine Frage. Du wirst auch hier veränderte bzw. gleiche Armlängen bemerken, probiere es aus!

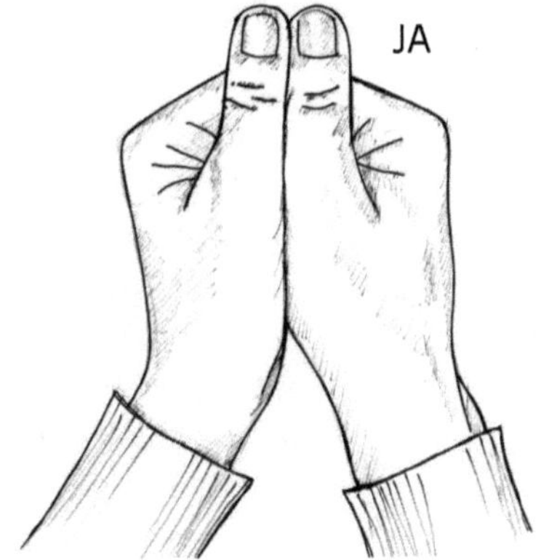

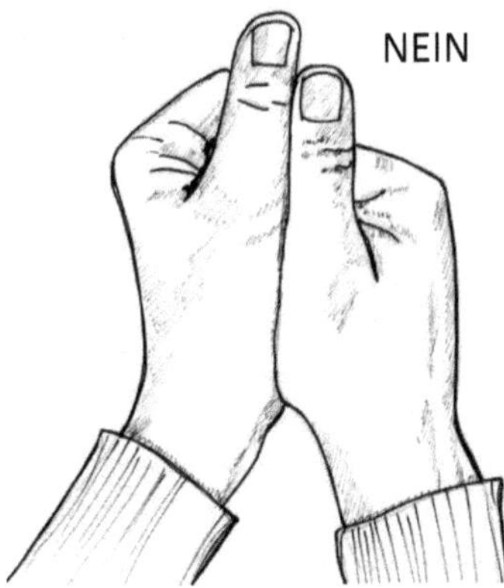

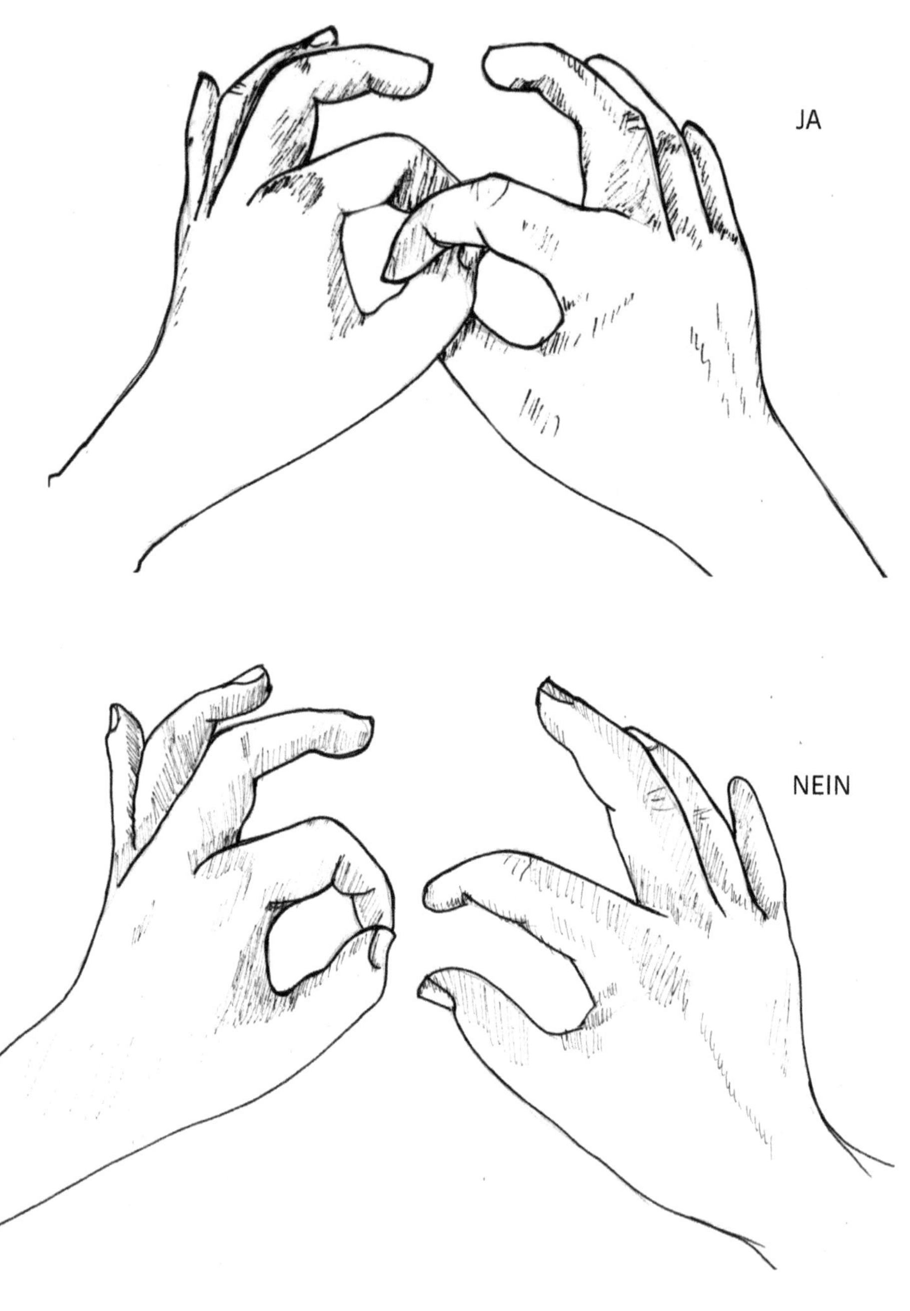

JA
NEIN

Daumen-Zeigefinger-8

Bereite dich gut vor, wie auf S. 11 beschrieben, mit der Ausnahme, dass du hier sitzen kannst. Achte darauf, dass deine Beine nicht gekreuzt oder überschlagen sind.

Fokussiere dich nun auf deine Frage oder teste vorab die Reaktionen auf JA und NEIN.
Führe nun an beiden Händen Zeigefinger und Daumen zusammen und verbinde die beiden Fingerkreise zu einer Acht wie auf der Abbildung oben auf der gegenüberliegenden Seite.
Stelle nun deine Frage und ziehe beide Finger mit großer Kraft auseinander. Bleibt der Kreis stabil, so bedeuted das ein JA.
Gelingt es dir, die beiden Fingerkreise auseinanderzuziehen, in dem sich eine Zeigefinger/Daumenverbindung löst, so bedeuted das NEIN. Dein System reagiert schwach auf die entsprechende Frage und gibt deshalb nach (mehr dazu im Kaptitel „Warum es funktioniert" S.44).

Dieser Test ist äußerst unauffällig einsetzbar. Ich empfehle, ihn viel zu üben, bis du die feinen Nuancen der Körperantwort sicher einschätzen kannst.

Alternativen:

1. Statt Daumen-Zeigefinger kannst du auch die Daumen-Ringfinger-Variante versuchen.

2. Hier gibt es eine schöne Variante die du mit einer Person deines Vertrauens ausführen kannst.
Wenn du auf Verträglichkeit/Unverträglichkeit testen möchtest, nimm ein Mittel in die linke Hand (andernfalls formuliere deine Frage) und forme mit der rechten Hand durch Daumen und Zeigefinger einen stabilen starken Kreis. Bitte deine/n Partner/in zu versuchen, den Kreis zu durchbrechen. Gelingt es, so deutet das auf eine Unverträglichkeit oder bei einer anderen Frage auf ein NEIN hin.

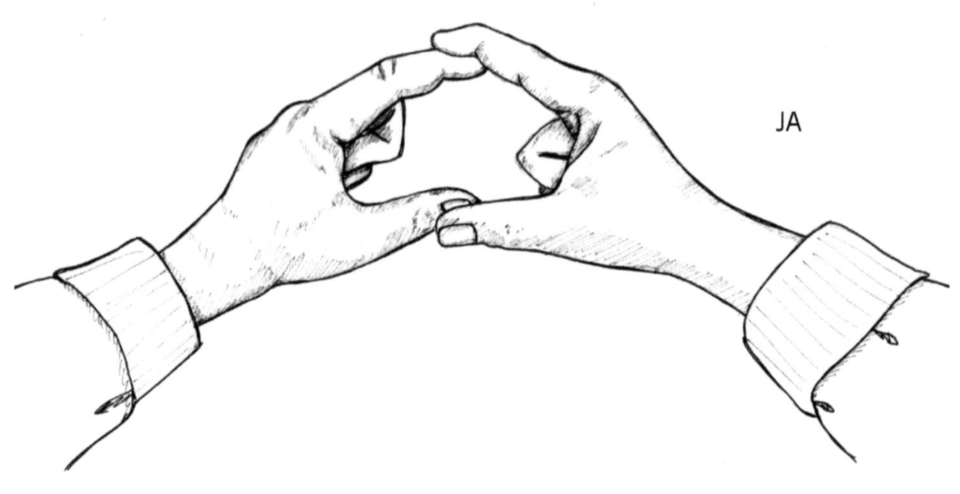

JA

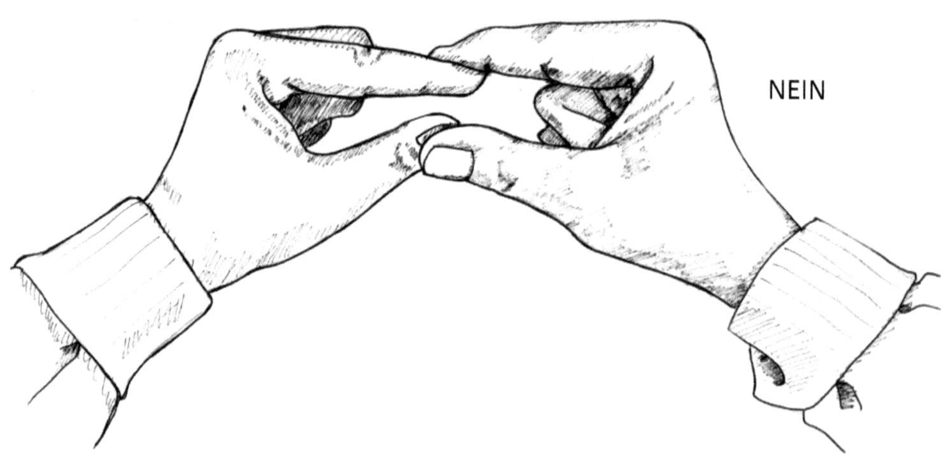

NEIN

Oval

Auch hier benötigen wir einen kurzen Moment, um uns zu sammeln, wie auf S. 11 beschrieben. Dieser Test geht jedoch gut im Sitzen. Achte darauf, dass deine Beine nicht gekreuzt oder überschlagen sind.

Forme an beiden Händen mit Daumen und Zeigefinger ein U und lege dann die Zeigefingerspitze der rechten Hand (bei Linkshändern umgekehrt) auf die der linken Hand und die Daumenkuppe der rechten Hand unter die der linken Hand. Es entsteht so ein Oval.
Denke oder spreche nun ein „JA" und versuche von oben und unten mit Kraft das Oval zusammenzudrücken. Du wirst einen starken Widerstand spüren. Mache den Gegentest mit „NEIN" und du wirst sehr wahrscheinlich den Kreis zusammendrücken können.
Auch hier spüren wir nur einen schwachen Körperimpuls bei Dingen, die unser System ablehnt und geben deshalb nach.

Dieser Test lässt sich unkompliziert überall anwenden.

Fingerkuppentest

Besinne dich einen Augenblick auf die Vorbereitung, wie auf S. 11 beschrieben. Hier kannst du sitzen, achte aber bitte darauf, dass deine Beine nicht gekreuzt oder überschlagen sind.

Führe Daumen, Zeige- und Mittelfinger zusammen und reibe die Fingerkuppen leicht aneinander. Denke dabei an etwas, was dir sehr gut gefällt, das dir Freude bereitet.
Wie fühlt es sich an? Leicht, fließend, seidig....?
Denke nun an etwas sehr Unangenehmes, Gruseliges, Frustrierendes oder Gefährliches und reibe weiterhin die Fingerkuppen aneinander und spüre.
Wie hat sich das Gefühl verändert? Fühlt es sich nun schwer, langsam, feucht oder klebrig an?
Merke dir nun beide Gefühle und du hast für diese wunderbare Testmethode eine ganz persönliche Maßeinheit, die dir bei weiteren Abfragungen anzeigt, wie dein Unterbewusstsein reagiert.

Auch dieser Test lässt sich völlig unkompliziert und unbemerkt von deinen Mitmenschen in jeder beliebigen Lebenssituation anwenden.

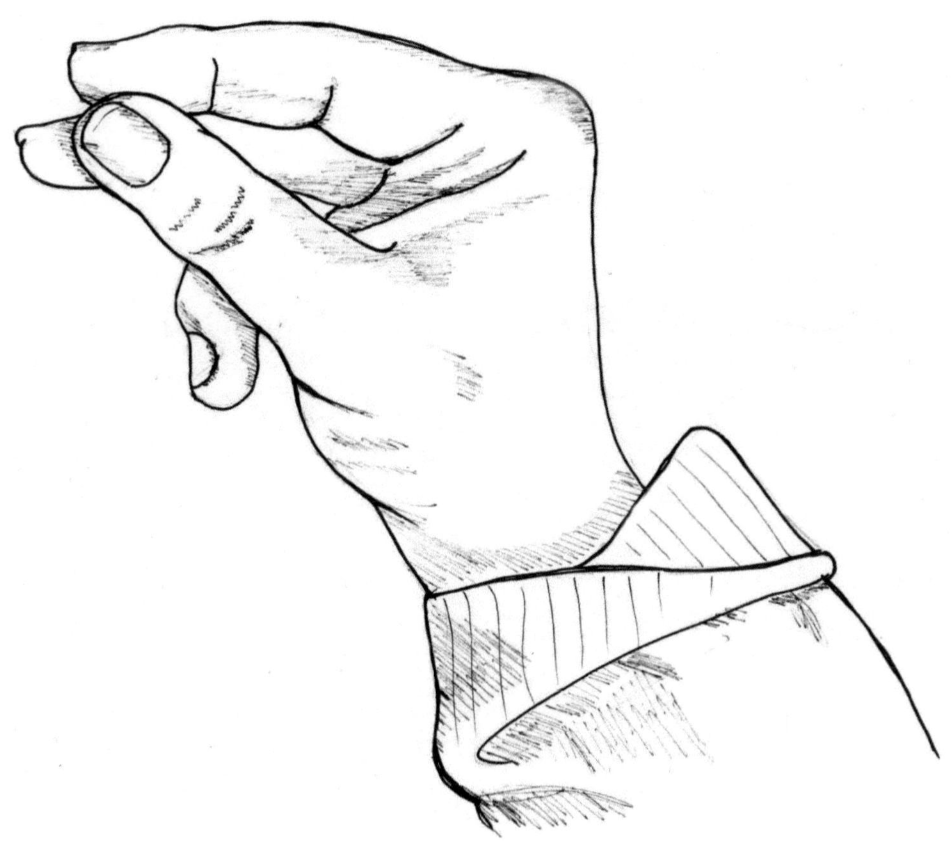

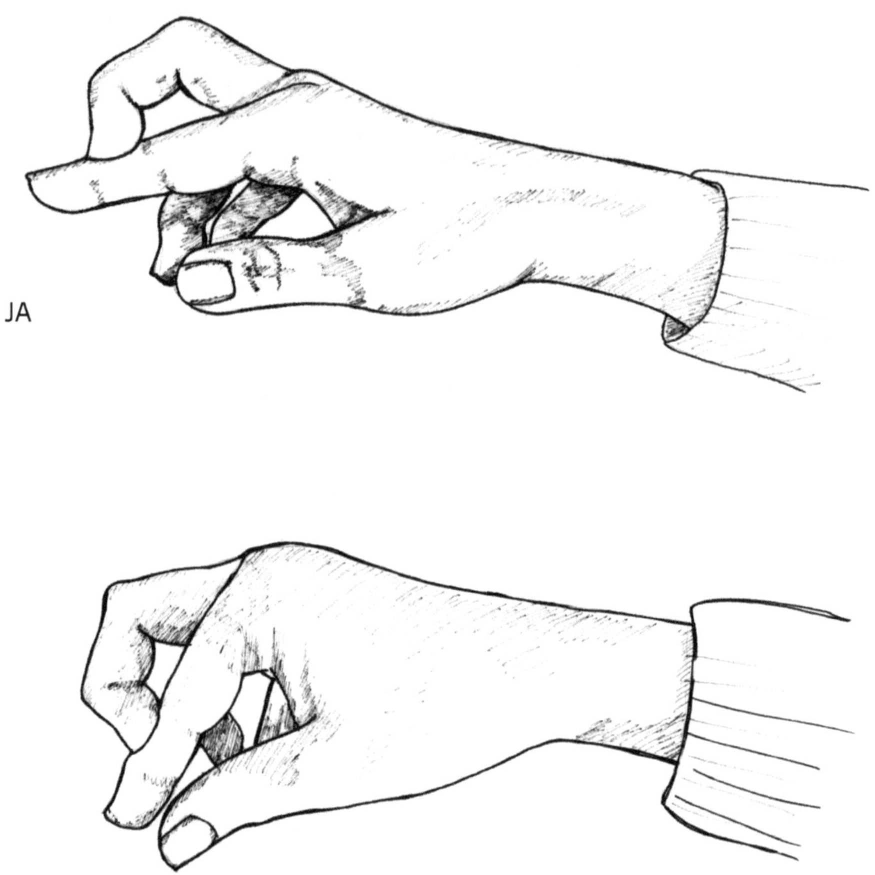
JA
NEIN

Fingertest

Bitte stimme dich kurz auf die auf S. 11 beschriebene Vorbereitung ein. Hier mit der Ausnahme, dass du sitzen kannst. Achte dabei darauf dass deine Beine nicht gekreuzt oder überschlagen sind.

Führe zunächst die Kuppe des Mittelfingers deiner bevorzugten Hand auf das mittlere Glied des Zeigefingers. Der Mittelfinger drückt den Zeigefinger nach unten und der Zeigefinger drückt mit Widerstand nach oben, hält also dagegen. Probiere dies etwas aus und versuche mehrmals schnell in diese Position zu kommen.
Denke nun oder spreche ein „JA". Du wirst bemerken wie kraftvoll dein Zeigefinger reagiert. Wiederhole das Gleiche mit einem „NEIN". Der Zeigefinger wird nun leicht nach unten zu drücken sein. Zunächst ist es nur eine feine Nuance, aber nach und nach wirst du die schwächere Muskelreaktion bei NEIN deutlich spüren.

Dieser Test ist der Unauffälligste von allen und eignet sich vor allem, wenn du unbemerkt und unkommentiert in der Öffentlichkeit Rücksprache mit deinem Unterbewusstsein halten möchtest, sei es an einer Essenstheke oder in einer beruflichen Konferenz.

Alternative:
Versuche mal die Kuppe des Zeigefingers auf das Mittlere Mittelfingerglied zu setzen, so geht das auch.

NEIN

JA

Scheibentechnik

Bitte konzentriere dich kurz auf die Focussierung aller ASpekte, die im Kapitel „Vorbereitung" auf S. 11 beschrieben sind. Hier empfiehlt es sich jedoch zu Sitzen. Achte darauf, dass die Beine nicht gekreuzt oder verschränkt sind.

Teste vorab deine Reaktion, indem du zuerst an ein JA und später an ein NEIN denkst. Konzentriere dich nun auf deine Frage, z.B. ob du für ein bestimmtes Thema noch Hilfe von außen benötigst.

Stelle dir vor, im Abstand von ca. 30-40 cm befindet sich eine Scheibe. Formuliere deine Fragestellung und drücke imaginär gegen die Scheibe.
Spürst du einen Widerstand? Dies ist gleichbedeutend mit einem „NEIN".
Fühlt es sich an, als könntest du ganz leicht durchfassen, du spürst keinen Widerstand, dann bedeutet das ein „JA".

Dieser Test fällt Menschen leichter die schon etwas Meditationspraxis haben. Er ist etwas anspruchsvoller als die anderen, kann aber sehr gut aus einer Entspannungsphase heraus angewandt werden, weil wenig Muskelkraft im Einsatz ist.

Pendel

Bitte beachte die Vorbereitung auf S. 11, mit der Ausnahme, dass du hier sitzen solltest. Achte darauf dass deine Beine weder gekreuzt noch überschlagen sind.
Benutzte intuitiv die rechte oder linke Hand, probiere auch gerne aus, was besser zu dir passt. Die linke Hand ist die „aufnehmende" Hand und wird beim Pendeln oft auch von Rechtshändern benutzt. Die andere Hand ruht locker auf einer Ablage.

Halte das Pendel entspannt mit der Hand etwa in Kopfhöhe oder etwas tiefer, man sollte in jedem Fall über der Körpermitte testen. Lasse das Pendel ganz still hängen. Fokussiere dich nun auf ein JA und achte auf den Ausschlag. Das Pendel wird horizontal oder nach vorne/hinten schwingen. Merke dir die Reaktion deiner persönlichen „Eichung" für das JA und gehe ebenso mit dem NEIN vor.

Formuliere nun einfache Fragen, die mit JA oder NEIN beantwortet werden können.

Das Pendeln eignet sich eher für den Hausgebrauch, da -vor allem bei Anfängern- eine gewisse Ruhe und Konzentration nötig ist. Geübte Pendler werden aber auch mühelos z.B. in einem Geschäft die Verträglichkeit ihrer Lebensmittel austesten können. Für das Austesten von Aspekten jeglicher Art gibt es Pendeltabellen. Hier positionierst du das Pendel im Zentrum der Tafel, stellst deine Frage und beobachtest die Schwingrichtung des Pendels, die dir einen Hinweis auf die Antwort deiner Frage geben wird.
Da alles schwingt, so haben auch Zeichen, Buchstaben und Worte eine Schwingung, auf die das Pendel, verbunden mit deinem Energiesystem, reagiert.
Ähnlich wie die Einhandrute kann das Pendel noch viel mehr als Austesten, nämlich durch Schwingungsmuster auch aktiv Lösungsprozesse einleiten. Wenn dir diese Technik gefällt und liegt, lohnt es sich, dich hier durch Bücher, Filme oder Kurse weiter zu bilden.

Einhandrute / Tensor

Bitte bereite dich auf die Testung vor, wie auf S. 11 beschrieben. Du kannst auch sitzen, aber für den ersten Kontakt ist das Stehen geeigneter, weil du dich so besser erden kannst. Achte darauf, dass deine Beine nicht gekreuzt oder überschlagen sind.

Nimm nun die Rute in deine aktive Hand, halte sie locker. Der Tensor wird mit der ganzen Hand umfasst. Alle Finger haben Kontakt mit dem Griff. Der Daumen und die restlichen Finger berühren sich nicht. Die Rute wird waagerecht gehalten. Die linke Hand zeigt locker, leicht unterhalb der Brusthöhe, nach oben. Zu Beginn der Testung muss der Tensor vollkommen ruhig stehen, die Tensorspitze darf sich nicht bewegen. Frage zunächst JA ab. Sprich: „Gib mir ein JA!" und beobachte die Regung. Beim aller ersten Versuch ist der Ausschlag der Rute meist sehr dezent, wiederhole deine Bitte und warte ab. Sie wird sich horizontal rechts-links oder vertikal auf-und-ab bewegen. Merke dir den entsprechenden Rutenausschlag als deine Eichung für JA und wiederhole die Übung mit „Gib mir ein NEIN!". Hier sollte sie sich in die entgegengesetzte Richtung bewegen. Achte darauf, dass die Bewegung nur vom Tensor und nicht von dir ausgeht. Möglich ist aber auch eine kreisende Bewegung nach links oder rechts, wobei rechtsherum als positiv und linksherum als negativ gilt.

Sobald du erste zarte Ausschläge bekommst, die jeweils bei JA und bei NEIN in die entsprechende Richtung gehen, kannst du mit kleinen Übungen fortfahren.

Nutze dabei die Dinge oder Lebensmittel, die dir zur Verfügung stehen. Nehme z.B. einen Joghurt in die linke Hand (bei Linkshändern umgekehrt) und frage „Tut mir dieser Joghurt jetzt gut?".

Oder stelle dich neben deine Zimmerpflanze, fokussiere dich auf sie und frage: „Gefällt dir dieser Platz hier?". Beachte gern weitere Tipps zu den Fragestellungen wie ab Seite 36 beschrieben.

Es gibt sehr unterschiedliche Ruten, die besser oder schlechter zu dir passen können. Hast du einen sehr zarten Ausschlag, so passt eine Rute mit einem sehr feinen Draht am besten zu dir. Ist dein Ausschlag von Anfang an sehr stark, so solltest du eine Rute mit einem stärkeren Draht verwenden. Es gibt auch Tensoren mit einem Spiralrumpf, die kürzer und weniger empfindlich sind und sich gut mitnehmen lassen, sodass auch Testungen -wo immer du gerade bist- möglich sind.

Neben dem Abfragen der Qualitäten kann man mit der Rute auch Schwingungen übertragen und anpassen, sie bewegt sich dann nicht nur horizontal oder vertikal sondern folgt einem oftmals sehr kräftigen Bewegungsmuster. Die Handhabung und das aktive Arbeiten mit der Einhandrute erfordert eine solide Ausbildung, für das Testen von Alltagsfragen (JA/NEIN Tests) sollte sie jedoch in keinem Haushalt fehlen.

Nach dem Testen

Vor allem am Anfang und später bei sehr wichtigen Testungen oder Ergeb-
nissen mit besonderer Tragweite solltest du nicht versäumen, nochmal nach-
zufragen:
„Habe ich richtig verstanden, dass dieses Nahrungsgergänzungsmittel mir
bei meinem momentanen Thema weiter hilft?"
Gibt es hier widersprüchliche Ergebnisse, sollte die Testung zu einem anderen Zeitpunkt wiederholt werden oder beachte dazu die Tipps auf Seite 33.
Es ist unbedingt zu bedenken, dass das Testergebnis immer eine Momentaufnahme ist, die sich auf den Schwingungszustand zum Zeitpunkt des Testens
bezieht.
Gerade bei Verträglichkeitstests von Nahrungsmitteln („Brauche ich das, tut
mir das gut?"), kann z.B. ein Kaffee morgens verträglich und nachmittags un-
verträglich getestet werden.

Nach Abschluss deiner Tests halte bitte einen Moment inne und nehme
nochmals die Ausgangsposition ein. Bitte um energetische Reinigung aller
in die Testung einbezogenen Objekte und Menschen und ganz besonders von
dir selbst, fühle dich in Licht gebadet und bedanke dich bei den geistigen
Helfern deiner Wahl, sofern du sie eingeladen hattest, und bei dir selbst.

Unstimmigkeiten mit Ergebnissen

Es kann vorkommen, dass uns etwas „komisch" erscheint, die Testergebnisse keinen Sinn machen, widersprüchlich sind oder sich nicht stimmig anfühlen. Nicht jede der vorgestellten Methoden ist für alle geeignet. Gerade am Anfang ist es optimaler die Variante anzuwenden, mit der du am besten klargekommen bist und versuche die anderen später.
Stelle auch fest, ob du ausreichend mit Wasser versorgt bist und trinke gegebenenfalls noch ein Glas.

Versuche dann, dir mit folgenden Fragen Klarheit zu schaffen:
„Kann ich ?" (Fragt ab, ob du überhaupt in der Lage bist)
„Darf ich ?" (Fragt ab, ob du testen darfst)
„Soll ich ?" (Fragt ab, ob der Zeitpunkt richtig ist, um es zu tun)
Dies mag dir schon erste Hinweise geben und du kannst die Testung später oder an einem anderen Tag oder Ort wiederholen.

Bitte überprüfe hier auch immer wieder deine Neutralität. Wie in der Vorbereitung auf S. 11 beschrieben, ist es wichtig, die Dinge neutral zu betrachten, so als ob wir von oben auf uns hinab schauen. Wunschdenken und große Ängste stören oder beeinflussen das Testen. Wenn wir uns in einer Sache emotional zu involviert fühlen, ist es besser, Dritte um Hilfe zu bitten. Auch unser Verstand beeinflusst die energetische Arbeit, deshalb ist es wichtig zu lernen, ihn dabei „auszuschalten".

Solltest du krank sein oder dich sehr unwohl fühlen, ist dein Energiesystem gestört oder in Unruhe und das Testen sollte verschoben werden.

Es könnten auch Beeinflussungen vorliegen oder elektromagnetische Störfelder vorhanden sein. Ein Standortwechsel mag hier schon Abhilfe schaffen. Hole dir den Rat eines erfahrenen Energetikers oder Kinesiologen. Eine tiefere Auseinandersetzung mit dem Thema oder eine fundierte Ausbildung können dich selbst ermächtigen, mit diesen Situationen umzugehen.

Testen für Andere

Man kann nicht nur für sich selbst, sondern auch für andere Personen oder Tiere abfragen.

Dies sollte erst geschehen, wenn du für dich schon ausreichend Erfahrung gesammelt hast und einen vertrauten Umgang mit der Technik deiner Wahl pflegst.

Bei Menschen sollten wir uns unbedingt die Erlaubnis der jeweiligen Person einholen oder von dieser gebeten werden. Ausnahmen sind Notfälle oder wenn Eltern in positiver Ausrichtung und Absicht für ihre Kinder testen. Dies dürfen sie solange tun, solange sie ihre Kinder umsorgen. Bei erwachsenen Kindern ist um Erlaubnis zu fragen.

In jedem Fall frage vorher ab:
„Darf ich für ..... die Verträglichkeiten von Lebensmitteln (oder anderes) testen?". Ergänze hier auch die Fragen von S. 33 „Kann ich? / Soll ich?" sowie „Will ... meine Hilfe?"
Sollte zu einer der Fragen ein NEIN kommen und es auch zu späteren Zeitpunkten bei wiederholter Frage dabei bleiben, so akzeptiere dies bitte.
Bei positiver Antwort gehe wie gewohnt vor, setze dabei deinen Fokus auf die jeweilige Person und lasse dich, deine Gedanken und mögliche Einschätzungen völlig außen vor.

Bei Tieren hole die energetische Zustimmung und wenn es sich um ein fremdes Tier handelt, ist die Erlaubnis des Besitzers einzuholen:
„Darf ich für meine Katze (Hund, Wellensittich etc.) energetisch arbeiten und abfragen?"
Besonders schön ist hier, dass wir die Tiere direkt ansprechen können und die Antwort über unsere angewandte Methode erhalten.

„Geht es dir gut?"
Bei nein: „Schmeckt dir das Essen? Tut dir etwas weh? Brauchst du mehr Aufmerksamkeit? Bist du traurig?......"
Wenn du hier bei dem Austausch mit deinem Tier schnelle und eindeutige Antworten bekommst, hast du eine erste Vorstellung, wie bereichernd das Gebiet der Tierkommunikation für das Zusammenleben ist und magst vielleicht durch Bücher, Workshops oder eine Ausbildung noch in die Tiefe gehen.

Weitere Anregungen für Einsatzmöglichkeiten

Beziehungen

Tatsächlich gibt es unter allen Menschen, denen wir täglich begegnen, immer wieder jene, die uns mehr beschäftigen als andere, verunsichern oder verstören. Die Testmethoden können uns hier unterstützen, zu erkennen, wo es möglicherweise ein energetisches Thema zu lösen gilt. Am besten eignet sich hier der Zetteltest (möglichst mehrere Zettel legen, leer oder mit zusätzlichen Namen, damit du nicht weisst auf welchem Namen du stehst). Hier kannst du deine Gefühle wahrnehmen und daraus mögen sich weitere Fragen formen. „Ist es besser den Kontakt abzubrechen?", „Braucht es eine Interaktion?", „Gibt es eine Möglichkeit den Konflikt zu lösen?". Durch Annahme, Verzeihen, eine Einladung - was immer dir einfällt.

Düfte/ätherische Öle

Begibst du dich unter Freunde, bist eingeladen oder gehst aus und möchtest einen Duft verwenden, konzentriere dich auf die Menschen, die du treffen wirst und frage ab, welcher Duft für dich und die anderen am besten geeignet ist. Je nach deiner gewählten Technik, nimmst du den Duft/das Öl in die Hand, oder du lenkst deinen Fokus darauf. Bei sehr viel Auswahl bringen hier die Einhandrute oder das Pendel die schnellsten Ergebnisse. Achte auf mögliche Reaktionen und den Verlauf deiner Begegnungen.

Emails, Briefe, Pakete

Übe dich darin, vor dem Senden zu fragen:
„Kann ich das so abschicken? Habe ich etwas vergessen? Habe ich den richtigen Ton getroffen?"

Farben

In der einen Farbe fühlen wir uns wohler als in einer anderen, das haben wir alle schon kennengelernt. Nun gibt es ganze Branchenzweige, die sich diesem Thema widmen. Sehr viel schneller können wir die passenden Farbtöne selbst austesten. Hier bitte genaue Fragen stellen: „Passt diese Farbe gut zu mir? Steht mir diese Farbe? Fühle ich mich darin wohl?" Oder „Passt diese Farbe gut zu diesem Raum/ zur Wand / zum Sofa? Fühlen sich damit alle eintretenden Menschen wohl?" Wenn wir für uns persönlich austesten möchten, eignet sich besonders der Zetteltest, sofern man Papier- oder Stoffstücke in ausreichender Größe hat, um darauf zu stehen. Andernfalls funktioniert jeder andere genannte Test.

Geschenke

Verbinde dich in Gedanken mit dem zukünftigen Empfänger und frage dann mit der Technik deiner Wahl die unterschiedlichen Produkte, Farben/Arten der Blumen oder Gutscheine ab. Vertraue deiner Wahl und lasse dich von der Reaktion des Beschenkten überraschen.

Gegenstände

Tatsächlich gibt es oft Gegenstände, die uns nicht gut tun. Es können Schmuckstücke oder andere Einrichtungsgegenstände sein, auch Kleidungsstücke. Oft ist dies bei gebrauchten oder geschenkten Gegenständen so. Frage hier ab:
„Trägt diese... eine Information? Tut mir diese .... gut?" (bei NEIN) „Kann ich den Gegenstand reinigen?" (Bei JA abfragen: „Wie? Durch Wasser? Licht? Musik? Mondlicht? etc.").
„Ist es besser wenn ich es entsorge (verbrenne, in den Müll gebe, spende, verschenke....)?"

Getränke, Wein, Wasser etc.

Auch Getränke beeinflussen sehr stark unser Wohlsein. Oft trinken wir aus Gewohnheit jahrelang die gleichen Getränke, ohne uns bewusst zu sein, dass sie unseren Organismus negativ beeinflussen können.
Gehe hier sorgfältig vor, denke auch beim Abfragen an die Befindlichkeiten zu unterschiedlichen Tageszeiten (z.B. bei Alkohol) und an Alternativen: So frage bei einer negativen Reaktion z.B. bei Rotwein ab, ob es an den Inhaltsstoffen liegt und du z.B. auf sulfitfreie Varianten oder die aus biologischem Anbau besser reagierst. Frage auch gern den Genusswert für dich ab. Ebenso bei Wasser, möglicherweise reagierst du auf Sprudelwasser A negativ. Teste dann eine andere Qualität (andere Marke, Sodastream, gefiltert- verschiedene Systeme) für dich aus. Folge deinen getesteten Empfehlungen und achte auf mögliche Veränderungen.

Grundüberzeugungen, Glaubensmuster und -sätze

Ganz tief verankert sind oft diese Überzeugungen und Muster: „Ich bin es nicht wert, geliebt zu werden", „Ich werde nie erfolgreich sein", „Ich habe nie genug Geld", um nur einige wenige zu nennen. Wann immer du darauf stößt,

nutze deine Lieblingstestmethode und frage ab:
Ist dieser Satz: „ ....“ noch in mir aktiv? Bei einer positiven Antwort zu einem negativen Glaubenssatz, gibt es sehr einfache Methoden, diese Sätze für dein System umzuschreiben oder positiv neu zu installieren. Begib dich auf die Suche oder belege weiterführende Workshops dazu.

Haltbarkeit von Lebensmitteln

Das Haltbarkeitsdatum auf Lebensmitteln gibt nur einen groben Richtwert an, ab wann es verdorben sein könnte. Ob es noch genießbar ist, lässt sich sehr gut testen. Dazu das Produkt in die Hand nehmen oder vor sich aufstellen und den Test deiner Präferenz durchführen. Vor dem Verzehr zusätzlich riechen und schmecken, um das körpereigene Alarmsystem weiter zu trainieren. Teste auch deine Speisereste der Vortage.

Heilsteine

Besonders schön lässt sich mit Heilsteinen arbeiten. Es gibt für jedes Bedürfnis den passenden Kristall: Sei es zur emotionalen Unterstützung, zum Schutz vor negativen Energien, für mehr Vertrauen oder allgemeine Vitalität. Die Auswahl allein nach der Beschreibung kann äußerst langwierig sein. Die Entscheidung für den richtigen Stein anhand des Aussehens oder des Bauchgefühls mag manche überfordern. Nimm hier am besten den Stein in die Hand oder lege deinen linken Mittelfinger auf eine Abbildung und stelle deine Frage, z.B. „Ist das der Stein der mich in meiner momentanen Situation (besser beschreiben) unterstützen kann?“. Mit einer Einhandrute wirst du bei großer Auswahl, z.B. in einem Geschäft, am schnellsten voran kommen. Hierbei kannst du auch einfach die Steine fokussieren und fährst mit deiner Rute langsam über sie hinweg. Bei positiven Ausschlag beschäftige dich eingängiger mit der Beschreibung des Steins und beziehe diese Erkenntnisse in deine Entscheidung mit ein.

Homöopathie

Hast du eine homöopathische Hausapotheke? So teste bei möglichen Unpässlichkeiten, welches Mittel dir helfen könnte. Dies geht am schnellsten mit einer Einhandrute indem du den Mittelfinger der linken Hand (bei Linkshändern umgekehrt) langsam über die Mittel führst mit der Bitte: „Ich suche ein Mittel, das mich bei meinem gesundheitlichen Thema von... unterstützt“. Bei positivem Ausschlag lese die Information, die du über dieses Mittel aufrufen kannst. Oft gibt dies wertvolle Anhaltspunkte über verborgene Ursachen zu deinem Thema. Ziehe diesbezüglich Rückschlüsse und bespreche dich mit einem erfahrenen Homöopathen.

Karten

Karten ziehen ist ein wunderbares, oft sehr heilsames oder aufbauendes Ritual. Wir vertrauen ganz auf unsere Intuition, genau die richtige Karte aus dem Stapel zu ziehen. Eine andere Möglichkeit ist die Wahl der Karte mit den Testmethoden. Hier eignet sich am besten die Einhandrute. Mische die Karten, behandle sie wie gewohnt (z.B. 3 x auf den Stapel klopfen), teile sie in 2 Stapel und frage: "In welchem Stapel befindet sich die Karte die heute mit einer Botschaft zu mir (oder zu jemand anderem) kommen möchte?". Es wird bei einem Stapel einen positiven Ausschlag geben. Teile diesen wieder in 2 Stapel, frage wieder und fahre so weiter fort, bis nur wenige Karten übrigbleiben und du sie so einzeln abfragen kannst.

Kleidung

Jeder kennt es, man kauft ein neues Bekleidungsstück und zieht es nie an. Ein Testen am besten in der Umkleidekabine kann hier tatsächlich Geld und Mühe sparen. Frage dich hier:
„Brauche ich dieses Kleidungsstück? Fühle ich mich wohl darin? Steht es mir?..."
Die Schaukel-, Armlängen oder alle Fingertests eignen sich hier am besten, da sie ohne jegliche Hilfsmittel funktionieren.

Kleidung für einen bestimmten Anlass

Vor einer Einladung, einem Anlass oder Fest fällt die Entscheidung für das richtige Kleid, den richtigen Anzug, den passenden Stil nicht immer leicht. Verbinde dich in Gedanken mit dem Anlass und dem entsprechenden Bekleidungsstück und frage:
„Ist dass das richtige Kleid/ der richtige Anzug für diesen Anlass? Fühle ich mich wohl darin? Ist es angemessen?"

Kosmetik

In den meisten kosmetischen Produkten sind sehr viele Inhaltsstoffe enthalten, die wir über unsere Haut aufnehmen. Vieles davon tut uns nicht gut. Übe dich deshalb im Testen deiner Produkte, am besten schon vor dem Kauf.

Dazu eignen sich alle Tests und frage ab: „Tut mir dieses Produkt gut? Ist es für mich verträglich? Nehme ich es zu oft? Gibt es jemand, der es besser verträgt, dem ich es schenken könnte?..........."

Kraftorte

Manche Orte haben eine besonders kraftvolle Ausstrahlung. Jeder hat hier einen eigenen Zugang. Mag es der Wald sein oder ein Platz an einem Gewässer, im Park, Garten oder einer wilden Landschaft. Diese Orte eignen sich ganz besonders zum Testen, denn meist sind die Reaktionen stärker, kommen die Antworten schneller, fühlst du dich mehr im Fluss. Frage ab, ob du dich an so einem kraftvollen Ort befindest und profitiere von dieser zusätzlichen Energie, um deine wichtigsten Themen zu klären.

Medikamente

Die klassische Schulmedizin arbeitet symptomorientiert und macht selten Unterschiede zwischen den Voraussetzungen der Patienten. Vor allem bei vorhandenen Zweifeln nutze deine Testmöglichkeiten:
Halte dazu das Medikament in der linken Hand (bei Linkshändern die rechte) oder setze den Fokus darauf und frage nacheinander z.B.:
„Ist dieses Medikament verträglich für mich? Brauche ich es? Stimmt die Dosierung?..."
Nutze deine Ergebnisse, die Packungsbeilage genauer zu studieren und spreche offen mit deinem Arzt bei negativen Antworten.

Pflanzen in Haus und Garten

Ein Arbeiten mit Pflanzen ist ähnlich einfach wie mit Tieren. Oft sehen oder spüren wir schon, dass etwas nicht stimmt. Mit den Testmöglichkeiten können wir weiter forschen und abfragen, ob dies am Standort, Licht, Erde, Wasser (zu viel /zu wenig), Dünger, mangelnder Aufmerksamkeit.... liegt.

Putzmittel

Auch über Putzmittel kommen so einige Stoffe in unsere Haushalte, die unsere Gesundheit belasten. Teste möglichst alle in deinem Haushalt befindlichen Mittel aus, von der Scheuermilch über den Glasreiniger, Geschirrspülmittel, Spültabs, Desinfektionsmittel, Waschmittel etc.
Bei negativer Verträglichkeit informiere dich über mögliche Alternativen und teste auch diese für dich aus. Ein Haushalt kommt sehr gut mit nur wenigen Mitteln wie Essig, Waschsoda, Kern- oder Gallseife und Zitronensäure aus.

Social Media, Gruppen und Informationen

Vieles, das täglich auf uns einrieselt, tut uns nicht gut. Es ist oft zu viel oder trägt eine negative Last, die uns aus der Mitte bringt und uns belastet. Übe dich auch hier mit dem Testen: „Tut mir dieser Social-Media-Kanal gut? Benötige ich diese Information? Enthalten diese Nachrichten Informationen, die mich negativ beeinflussen?...."

Störfelder

Es gibt Orte, an denen wir uns nicht wohl fühlen. Oft sogar in unserer eigenen Wohnung. Begib dich an diesen Ort und frage ab:
„Gibt es an diesem Ort etwas, das mir nicht gut tut? Liegt es an der Einrichtung? Sollte ich etwas umstellen? Ist es eine Fremdenergie? Gibt es eine geopathische Ursache?...."
Aufgrund der Antworten kannst du dich entweder selbst zur Lösung durchfragen oder du holst dir Hilfe von einem erfahreren Experten. Wenn du dich entscheidest, deine mediale Ader weiter zu schulen, wirst du dir sehr bald selbst helfen können.

Verträge

Vor dem Unterzeichnen von Verträgen frage vorher ab:
„Ist dieser Vertrag stimmig für mich? Gibt es Details, die noch zu ändern, zu ergänzen sind oder fehlen?..."

Verträglichkeiten/Unverträglichkeiten/Lebensmittel

Nicht alle Lebensmittel sind für jeden gut. Insbesondere bei Verdacht auf Unverträglichkeiten hast du nun ein wertvolles Mittel, dir selbst zu helfen und den oder die Verursacher für mögliche Leiden herauszufinden.
Gehe dazu wie eingangs beschrieben mit deiner liebsten Testtechnik vor.

Verlaufen

Du hast die Orientierung verloren und kannst dich nicht zwischen 2 oder mehreren Richtungen entscheiden? Nehme deine Testausgangssituation ein, gehe ganz bewusst mit deinem Bewusstsein nach oben. Wenn du dich in der Natur befindest und magst, lade die Bäume, Pflanzen, Tiere oder Naturwesen ein, dich hier und jetzt zu unterstützen und wähle intuitiv den richtigen Weg.

Wildkräuter und Pilze

Übe gerne das Testen auch mit Wildkräutern und Pilzen. Bitte verlasse dich hier unbedingt nicht allein auf den Test, sondern erlerne fachkundlich die Unterscheidung von Essbarem und Toxischen. Das Testen wird deine Fähigkeit der Unterscheidung unterstützen, um deine natürliche Begabung des Erkennens, wie es die Tiere auch können, wieder zu erlangen.

Zeitpunkt

Manchmal geht uns eine Arbeit leicht von der Hand, an anderen Tagen quälen wir uns und brauchen länger. Wenn du unsicher bist, nutze gerne deine Testfähigkeit vor Arbeitsbeginn, in dem du fragst: „Ist dies der richtige Zeitpunkt um …. zu beginnen? Ist es besser zu verschieben? Auf heute Nachmittag, morgen etc.….?" Dies gilt auch für andere Planungen wie Reisen, Arzt- oder Frisörtermine o.a.

Die Liste ist unendlich erweiterbar und dir werden sicher noch viele Aspekte einfallen. Manche Dinge wirst du ohnehin gut ohne Testhilfe aus dem Bauch heraus entscheiden können, andere weniger. Hier wird dir das neu Erlernte völlig neue Zugänge öffnen!

Was wir besser lassen sollten

Glücksspiel und Lotto
So schön es auch wäre, sich zum Millionär hoch „zu testen", die vorgestellten Methoden sind dazu nicht geeignet. Diese Geschehnisse liegen ausserhalb unseres Bereiches. Wir arbeiten mit dem Körperwissen und der Intuition und die haben keinen Zugang zu den Ziehungen der Lottozahlen o.ä.

Offene Fragen
wie „Brauche ich da was?" sind nicht zielführend. Bei exakter formulierten Fragen wie „Brauche ich Eisen?" kannst du klarere Antworten erwarten.

Sinnlose Tests / Lappalien + Trivialitäten
Wir sollten unseren Einsatz nicht mit unwichtigen Dingen beschäftigen. Je genauer die Frage, umso genauer die Antwort. Je tiefer ich mich mit einem Thema beschäftigt habe, je besser klappt es mit dem Lesen der Antworten.

Spaß oder Neugier
Ein Abfragen aus Spaß oder Neugier widerspricht der tiefen Verbindung, die wir hier mit uns selbst eingehen wollen und funktioniert deshalb nicht.

Vorzeigen von Tests unter Zuschauern
Es ist verlockend andere von den Testmethoden durch eine Demonstration zu überzeugen, was meistens scheitert. Hier wirken die Energien der Zuschauer störend auf die nötige Konzentration und den Rückzug in der Zwiesprache mit dem Unterbewusstsein.

Was uns nichts angeht
Beim Testen konzentrieren wir uns auf uns selbst oder die Person, von der wir den Auftrag haben. Näheres dazu unter „Testen für andere", S.35. So gut es auch gemeint sein mag, Testen für andere ohne Autorisierung ist übergriffig und zu unterlassen.

Zukunftsfragen / Magische Voraussagungen
Das Testen ist immer eine Momentaufnahme und spielt sich im Hier und Jetzt ab. Dabei ist es legitim das Unterbewusstsein zu fragen, was mir gut tut oder nicht, auch im Hinblick auf die Zukunft. Allerdings darf es hier nicht um Prophezeihungen gehen wie „Werde ich den Mann meines Lebens dort oder dort treffen ?", o.ä.

Warum es funktioniert

Wir gehen davon aus, dass es ein allwissendes Unbewusstes gibt, eine Instanz in uns, die genau weiß, was gut für uns ist.
Wenn Emotionen und Gefühle angesprochen werden, reagiert das Unterbewusstsein heftig mit feinen Muskelbewegungen. In unserer Sozialisierung haben wir nicht gelernt diese Körperimpulse genauer zu deuten, auch wenn es allgemein be- und anerkannt ist, dass sie z.B. Einfluss auf unsere Mimik und Körpersprache haben. Eine zustimmende Haltung führt oft intuitiv zu einem leisen „Nicken", eine ablehnende zu einem „Kopfschütteln". Angenehme oder unangenehme Gedanken zeichnen sich -meist von uns unbemerkt- in unserem Gesichtsausdruck oder unserer Körperhaltung ab, auch wahrnehmbar für andere. Die Liste der intuitiven und zu lesenden Körperreaktionen ist lang.

Die Grundlage der Körpertests bezieht sich auf die Kinesiologie, die der Chiropraktiker Dr. Goodheart in den 60er Jahren mit dem Wissen aus der Chinesischen Medizin geformt hat. Es geht hier um den Zusammenhang zwischen Stress (auch Unverträglichkeiten, negative Informationen) und dem Muskeltonus. Bei negativen Impulsen (Stress) werden die Muskeln schwach, sie werden für Millisekunden nicht elektromagnetisch versorgt. Die aufgerufene Information fliesst in Form von feinsten Nervenimpulsen an die Muskeln und wir lesen diese Signale anhand der Testreaktionen. Bei den Körpertests sehen wir immer ein schwaches Signal -der Muskel gibt nach- wenn ein Thema Stress bereitet und ein starkes Signal -der Muskel hält stand- wenn wir kein Problem damit haben. Das Pendel, die Rute und der Schaukeltest übersetzen diese Impulse in Bewegungen, die wir bei den Vortests (Ja/Nein) geeicht haben.

Zusätzlich machen sich die unterschiedlichen Schwingungen der angesprochenen Lebewesen oder Objekte bemerkbar. Alles schwingt - aber manche Schwingungen passen, andere passen nicht zu uns. Die Körperintelligenz reagiert hier mit Wohlwollen oder Stress und drückt dies in der entsprechenden Reaktion aus.

Wenn du nun bis hier aufmerksam gearbeitet hast, wirst du einen Zugang mit dem Unbewussten in Kontakt zu treten erspürt und sehr wahrscheinlich schon erste -möglicherweise für dich erstaunliche- Erlebnisse gehabt haben.

Trittst du nun mit deinen neuen Erfahrungen nach außen, erzählst
davon Freunden oder Familie, wirst du einerseits auf offene Ohren aber
vielleicht auch auf Ablehnung stossen. Das alles sei nicht wissenschaftlich,
hört man, sei Humbug oder sogar gefährlich. Oder dass es mit Glauben zu
tun hat. Du magst belächelt werden oder man mag dich davon abhalten.
Mich hat diese ablehnende Haltung vieler in meinem nahen Umfeld zunächst
sehr irritiert. Ich habe meine eigenen Erfahrungen in Frage gestellt, fühlte
mich aber angetrieben, weiter zu lernen und zu recherchieren.

Die ablehnende Haltung mag daher kommen, dass wir in unserer Sozialisie-
rung von intuitiven Erfahrungen völlig abgeschnitten wurden. Die Wissen-
schaft verlangt Beweise. Jedes Experiment muss zu jedem beliebigen
Zeitpunkt wiederhol- und überprüfbar sein. Dabei ist unser zeitgemäßes
Verständnis von Wissenschaft noch gar nicht so alt. Isaac Newton hat im 17.
Jahrhundert diese Methode der neuzeitlichen Naturwissenschaft etabliert.
So konnte man sich sicher sein, dass nur wenn etwas messbar ist, es auch
außerhalb unserer Vorstellungskraft existiert. Vor Newton waren die meisten
Philosophen und Naturwissenschaftler ganz anderer Ansicht. Wenn sie
wissen wollten, wie die Wirklichkeit beschaffen war, suchten sie in ihrem
Geist nach Antworten*.

Seit der Entdeckung der Quantenphysik Anfang des 20. Jahrhunderts, wurde
diese Auffassung jedoch in Frage gestellt. Kleinste Quanten können sich
durch das einfache Aufnehmen und Abgeben von Energie vollständig verwan-
deln und von einem auf den anderen Augenblick ihre Eigenschaften
verändern. Selbst ein Beobachter hat Einfluss auf den Vorgang.
Dieser Aspekt erklärt deutlich, warum das Testen naturwissenschaftlichen
Anforderungen nicht standhält. Mit der Beschäftigung um das Sichtbarma-
chen des Unbewussten, verlassen wir bekannte Konstrukte, empfinden und
erleben neue Dimensionen, entdecken neue Parameter, denen alte Glaubens-
muster nicht entsprechen. Wir lassen bewusst den analytischen
Geist außen vor, andernfalls könnten wir gleich den Intellekt befragen.

Der Erklärbarkeit der Vorgänge nachzugehen ist absolut empfehlenswert
und spannend. Lesetipps gibt es auf Seite 47.

* Zitat Nathalie Knapp „Der Quantensprung des Denkens. Was wir von der
modernen Physik lernen können", 2008

Vertrauen

Um deinen Antworten zu vertrauen, braucht es Erfahrung und am Anfang auch kontinuierliches Üben in Alltagssituationen. Du wirst aus deinen Resultaten lernen und nach und nach Vertrauen in die Methoden aufbauen. Solange du noch nicht ganz sicher bist, hinterfrage gern deine Wahl mit den gewohnten Entscheidungsinstanzen und sammle auch damit Erfahrungen. Das Erlernen der energetischen Abfragemöglichkeiten darf unser Vertrauen in uns selbst und unsere Intuition stärken, ist aber nicht als neue Instanz gedacht, die unser Leben bestimmt. Bedenke auch, dass es -wie bei allen Dingen- immer eine gewisse Fehlerquote geben kann.

Führe wichtige Entscheidungsfragen, die dein Leben grundlegend verändern können, erst dann durch, wenn du dich durch viele positive Erfahrungen bei Alltagstests sicher fühlst.

Nach und nach wird das Einfühlvermögen wachsen, Glauben von tief gefühltem Wissen unterscheiden zu können.

Ganz unweigerlich führen diese Methoden zu einer erweiterten Wahrnehmungsfähigkeit, die uns ehrlicher zu uns selbst und anderen sein lässt und uns helfen kann, schneller mit unseren Themen voran zu kommen.

Viel Freude beim Testen!

Lesetipps

Ansha
Pendeln für Einsteiger
Bassermann, 2014

Albrecht, Uwe
Ja/nein - So einfach kann das Leben sein
Allegria, 2011

Goller, Mandy
UrLicht9er® Energetische Informationsübertragung
Spica, 2024

Gruber, Dr. Isa
Kinesiologie
Südwest ebooks, 2009

Hartmann, Manfred B.
Praxisbuch der Einhandrute
Schirner 1996, 2003

Kellmann, Raimund
Der Tensor, die Einhandrute
Einhorn Wetzlar, 2014

Knapp, Nathalie
Der Quantensprung des Denkens
Was wir von der modernen Physik lernen können
rororo, 2008

Malliga, Werner & Ingeborg
Die praktische Anwendung der Pendelrute
Frei verfügbar, 2003

Foto: Shelley Brock

Danksagung

Mein Dank gilt allen, die in der Zeit der Entdeckung meiner medialen Fähigkeiten mit mir verbunden waren, meiner Familie, meinen Freunden, Verwandten und Lehrern, sei es für ihre Begeisterung und bedingungslose Unterstützung als auch für ihre kritische Haltung, die mich dazu angespornt haben, weiter zu forschen, zu experimentieren und zu erleben.

Auch allen, die sich mir vertrauensvoll mit ihren tiefen Themen mitgeteilt haben, um gemeinsam Ursachen und entsprechende Behandlungsmethoden zu finden, danke ich von Herzen.

Ganz besonders möchte ich Mandy Goller danken, die mich vom Anfänger Rutenkurs über die weitere Ausbildung zur PraNeoHom®/UrLicht9er® Praktikerin ausgebildet und mich in die wunderbare Welt der energetischen Arbeit geführt hat.

Bei Interesse an meiner Arbeit, Kursen oder UrLicht9er®-Sitzungen findest du mehr Informationen hier:

www.sabinehattenkerl.com

Über die Autorin

Sabine Hattenkerl kam durch eigenen Leidensdruck zur Arbeit mit der Einhandrute. Als Designerin für Sportbekleidung und Trendbuchgestaltung arbeitete sie jahrelang hauptsächlich am Computer und litt seit 2012 an Elektrosensibilität, für die es keine Heilung zu geben schien. Auf der intensiven Suche nach Linderung machte sie schließlich einen Rutenkurs bei Mandy Goller und wurde bei dieser Begegnung von ihr energetisch behandelt, was die Symptome sofort beseitigte. Durch diese tiefe und heilsame Erfahrung motiviert, hat sie selbst sofort die Ausbildung zur PraNeoHom®/UrLicht9er® Praktikerin gemacht und praktiziert/lehrt diese seitdem.

Ihr besonderes Anliegen ist es, Menschen zu ermutigen, Eigenverantwortung für ihre Lebensthemen zu übernehmen und in engen Kontakt mit dem Unbewussten zu kommen. Neben Kursen und energetischen Behandlungen der o.g. Methode illustriert und schreibt sie Bücher und hat ein besonderes Augenmerk auf das Thema Ahnenarbeit.

Sie ist verheiratet, hat 2 erwachsene Töchter und lebt und arbeitet in Leipzig und Huelguat, in der Bretagne.